Nouvelles histoires minute

Bernard Friot

Nouvelles histoires minute

Illustrations
de Nicolas Hubesch

Pour Alan et Titouan
B. F.

MILAN POCHE

Je n'ai pas eu le temps de tous les déballer...

Pas de papa

Pour deux personnes
(Romain et Louis)

Ingrédients :

- un papa
- une maman
- une paire de rollers
- un pansement

– Moi, mon papa, dit Romain, il est très riche !

Louis, lui, ne dit rien, parce qu'il n'a pas de papa.

– Et mon papa, dit Romain, il m'achète tout ce que je veux !

Louis, lui, ne dit rien, parce qu'il n'a pas de papa.

– Regarde ce qu'il m'a rapporté d'Angleterre, dit Romain. Des rollers tout neufs !

Louis, lui, ne dit rien, parce qu'il n'a pas de papa.

Et puis Romain s'élance sur ses rollers. Il ne sait pas en faire. Il tombe et s'ouvre le genou. Ça saigne.

– Moi, dit Louis, ma maman, elle est infirmière, et elle fait très bien les pansements.

BIENVENUE !

Automatique

Pour deux personnes
(Lucas et sa mère)

Ingrédients :
- un portail de jardin (avec code)
- un paillasson
- une porte d'entrée
(ouverture automatique)
- des baskets
- des chaussons

Lucas rentre de l'école. Il tape le code pour l'ouvrir le portail du jardin. Le portail s'ouvre.

Automatique.

Il traverse le jardin, s'essuie les pieds sur le paillasson.

Quatre fois : pied droit, pied gauche, pied droit, pied gauche. « Bienvenue à la maison ! » fait une voix.

Automatique.

La porte d'entrée s'entrouvre, le laisse entrer.

Automatique.

Dans le couloir, la lumière s'allume.

Automatique.

Lucas défait ses lacets, ôte ses baskets, enfile ses chaussons.

Automatique.

Sa mère sort de la cuisine, demande : « Ça s'est bien passé à l'école ? Tu as eu des bonnes notes ? Tu as des devoirs ? Lave-toi les mains. »

Automatique.

Bizarre

Pour une personne
(M. Nol)

Ingrédients :

• un balcon
• un fauteuil
• un journal
• une chaussure
• un aspirateur
• un potiron
• un dictionnaire
• un accordéon
• une famille tout entière (père, mère, deux filles, un chat, trois poissons rouges)
• un parapluie

M. Nol est assis dans un fauteuil, sur le balcon. Il lit son journal. Tout à coup, il voit une chaussure tomber.

– Tiens, bizarre, dit-il.

Mais il continue à lire son journal.

Deux minutes plus tard, c'est un aspirateur qui tombe du ciel.

– Étonnant, dit M. Nol.

En soupirant, il tourne la page de son journal.

Ensuite, il pleut un potiron, un dictionnaire, un accordéon.

– Surprenant, curieux, étrange, dit-il.

Mais il n'interrompt pas sa lecture.

Il en est à la rubrique météo. Il lit : *Risque d'averses dans la matinée.*

« Alors, c'est normal, pense-t-il. Pour une fois, la météo ne se trompe pas. »

Et, sans s'étonner, il regarde tomber la famille du sixième étage : le père, la mère, les deux filles, le chat et les trois poissons rouges.

« Il ne faut pas que j'oublie mon parapluie ce matin », pense-t-il.

PROMO
1€

Kangourou

Pour deux personnes
(Maman Kangourou et Petit Kangourou)

Ingrédients :

- du lait
- des jouets
- du savon pour le bain
- du shampooing
- des épinards
- des Carambar
- un ballon
- un bonnet à pompon
- des chaussettes
- des lunettes

Maman Kangourou fait les courses au supermarché avec Petit Kangourou. Elle achète tout ce qu'il faut pour son petit : du lait, des jouets, du savon pour le bain, du shampooing, des épinards, des Carambar, un ballon, un bonnet à pompon. Elle emplit la poche sur son ventre, tasse bien, ajoute encore des chaussettes et des lunettes.

– Voilà, j'ai tout, vraiment tout, dit-elle, on peut rentrer chez nous.

Petit Kangourou veut sauter dans la poche. Mais il n'y a plus de place pour lui. Alors sa mère s'en va, le laissant là.

Elle est contente. Elle a tout, vraiment tout pour son petit.

Oui, c'est vrai, elle a tout, vraiment tout.

Sauf son petit.

Mouchoir

Pour deux personnes
(Il et Elle)

Ingrédients :
• un paquet de mouchoirs en papier
• des larmes (beaucoup)
• des mots écrits à l'encre rouge
• un peu de vent
• un ciel d'été

Il pleure. Il ouvre un paquet de mouchoirs en papier, en tire un, le déplie, s'essuie les yeux.

Papier trempé, mouchoir jeté.

Il pleure encore. Mouchoir déplié, trempé, jeté.

Elle l'a quitté. Sans un mot, Elle est partie.

Mouchoir déplié, trempé, jeté.

Pourquoi ? Pourquoi m'a-t-Elle abandonné ?

Larmes nouvelles. Mouchoir déplié, trempé, jeté.

Etc.

Plus qu'un mouchoir dans le paquet. Il le tire, le déplie. Des mots écrits en rouge, rouge à lèvres : « Je reviendrai. »

Il lit les mots, les relit, les dit tout haut, les crie dans le vent.

Puis Il souffle sur le mouchoir en papier.

Envolé, petit oiseau blanc vers le ciel d'été.

Séchées, les larmes.

Dessin

Pour deux personnes
(Lola et son père)

Ingrédients :

- une feuille de dessin, des crayons, des feutres
- un salon
- un sac
- une chambre à coucher
- un couloir
- du Scotch
- un peu de colère
- beaucoup d'amour

Lola dessine, au salon. Elle dessine son papa. Elle s'applique : les yeux, la moustache, les grands pieds. Vraiment réussi !

Tiens, il rentre du travail, son père. Il est énervé, il jette son sac par terre.

– Que fais-tu là ? crie-t-il. Et tes devoirs ?

Il arrache le dessin, le déchire en quatre, en huit morceaux. Lola se réfugie dans sa chambre. Elle ferme la porte à clé, se jette sur son lit et pleure. Un peu.

Soudain, elle entend des gémissements. Elle ouvre la porte, prudemment, avance dans le couloir. Ah ! elle bute sur un bras. Et tiens ! voilà une jambe, encore un bras, et une tête. Elle compte les morceaux : un, deux, trois… il y en a huit en tout.

– Je comprends, dit-elle.

Au salon, elle ramasse les morceaux de son dessin. Huit aussi. Avec un peu de Scotch, elle les assemble. Papa rafistolé, raccommodé.

Il entre dans le salon, Papa. Il dit :

– Je m'excuse, Lola, je n'aurais pas dû me mettre en colère.

Lola ne dit rien. Elle regarde son père. Il a l'air tout chiffonné.

– Pas grave, dit-elle.

Et du revers de la main, elle lisse son dessin.

Grenouille

Pour deux personnes
(une grenouille et M. Dumont)

Ingrédients :

- de la pluie, de la pluie, de la pluie
- une promenade ratée
- un parapluie
- un repas au restaurant

Il pleut, il pleut, il pleut.

Depuis le matin, il pleut des seaux, des bassines, des tonneaux.

– Chouette, il pleut ! coasse la grenouille.

Et plitch et platch ! elle fait des bonds dans les flaques.

Il pleut, il mouille, c'est la fête à la grenouille.

– Zut, il pleut ! soupire M. Dumont. Et moi qui voulais me promener.

Il pleut, il mouille, c'est la fête à la grenouille.

– Hourra, il pleut ! chante la grenouille à pleins poumons. Hé, les copines, venez, on va danser !

Il pleut, il mouille, c'est la fête à la grenouille.

– Flûte, il pleut ! râle M. Dumont. Je m'ennuie.

Alors il prend son parapluie et s'en va au restaurant.

Il pleut, il mouille, c'est la fête à la grenouille.

Au restaurant, M. Dumont lit le menu.

– Ah, j'ai trouvé ! dit-il, soudain.

Et montrant du doigt la carte, il commande au serveur :

– Cuisses de grenouilles sautées à l'ail et au persil !

Il pleut, il mouille, c'est pas la fête à la grenouille.

Copain

Pour une personne, peut-être deux

Ingrédients :

• une mère qui n'écoute rien
• une télévision
• un père qui n'est jamais là
• un instituteur
• une punition

Tu sais, copain, je t'aime bien. Toi, tu m'écoutes quand je te parle. C'est pas comme ma mère. Elle fait « hm, hm, hm », mais on voit bien qu'elle pense à autre chose. Hier soir, je lui ai dit : « Tu es une grosse tomate pourrie. » Et elle a répondu : « Oui, mon chéri » sans lever les yeux de la télé.

Et puis, toi, tu es là quand j'ai besoin de toi. C'est pas comme mon père. Quand j'étais à l'hôpital, tu te souviens ? Eh bien, il n'est même pas venu me voir. Il a juste téléphoné : « Désolé, poussin, j'ai trop de travail. »

En plus, qu'est-ce qu'on rigole avec toi ! L'autre jour, quand tu as imité le maître, j'ai failli étouffer tellement je riais ! Même que j'ai eu une punition. Le verbe rire à tous les temps. Mais tu m'as aidé, c'était facile, tu m'as tout dicté.

Tu sais, copain, j'aimerais bien te rencontrer.

Un jour.

Si tu existes.

Parce que tu sais, copain, je t'aime bien.

Oui, Maman

Pour deux personnes
(Julien et sa mère)

Ingrédients :
• une mauvaise note
• deux punitions
• un magazine féminin
• un jeu vidéo
• un feuilleton télévisé
(style *Les Feux de l'amour*)

Julien rentre de l'école. Pas bonne, la journée, une sale note, deux punitions.

– Ça s'est bien passé, ta journée ? demande sa mère, le nez dans un magazine.

– Oui, oui, Maman.

De toute façon, il sait bien, sa mère n'écoute pas.

Julien dans sa chambre. Il joue. Jeu vidéo : troisième galaxie, il tue les ennemis, détruit des fusées. Oui, c'est lui le plus fort !

– Julien, tu fais tes devoirs ? demande sa mère depuis le salon.

– Oui, oui, Maman, répond Julien.

De toute façon, il sait bien, sa mère n'écoute pas.

Julien regarde la télévision avec sa mère. Un feuilleton, une histoire d'amour. Pas très intéressant.

– Julien, tu m'aimes ? demande sa mère.

Elle se penche vers lui, caresse ses cheveux.

– Non, non, Maman, répond Julien.

De toute façon, il sait bien, sa mère n'écoute pas.

Ogre

Pour quatre personnes
(Nora, Lio, Sami et Petit Ogre)

Ingrédients :

- une forêt
- une fée
- un dragon
- une sorcière

Nora, Lio et Sami se promènent dans la forêt. Caché derrière un arbre, quelqu'un les observe, discrètement.

– Moi, dit Nora, j'aimerais être une fée. Je serais grande et belle, et avec ma baguette magique je transformerais les radis en consoles vidéo !

– Moi, dit Lio, j'aimerais être une sorcière. Hi hi, hi ! je serais très laide et très méchante, et je transformerais les instituteurs en bennes à ordures !

– Moi, dit Sami, j'aimerais être un dragon. Aaaargh ! je serais énorme et terrrrrible et j'avalerais les autobus et les crocodiles !

Alors Petit Ogre sort de sa cachette.

– Eh bien moi, dit-il, j'aimerais être un enfant, un enfant normal, banal. Je serais petit et timide, je mangerais des radis, j'irais à l'école et je prendrais l'autobus. Et je ne serais pas obligé de vous manger !

Et, en soupirant, il les avale tous les trois.

– Glurps ! fait-il. En plus, ils n'ont pas de goût.

Des cheveux plus beaux
Des cheveux plus beaux
CHAMPOUINA

Amoureux

Pour une personne au début
(Enzo)
Pour deux à la fin
(Enzo et Joe)

Ingrédients :

- une mère (petite et blonde)
- des affiches dans la rue
- une télévision
- une fille (petite et blonde)
- des écouteurs

À huit ans, Enzo a pensé : « Un jour, je serai amoureux. Comment je ferai pour lui dire : “Je t’aime”? »

Alors, il décide de se préparer, de s’entraîner.

Dans la rue, quand il voit sur une affiche une jeune femme petite et blonde (comme sa mère), il s’arrête et murmure : « Je t’aime. »

Et s’il n’y a personne, il le crie.

Et quand, à la télévision, apparaît une jeune femme petite et blonde (comme sa mère), il prend son courage à deux mains et dit : « Je t’aime. »

Quand personne ne l’entend, évidemment.

Une fois, même, dans la rue, il croise une fille petite et blonde (comme sa mère). Il la regarde dans les yeux et dit : « Je t’aime. » Sans rougir.

La fille ne répond pas. À cause des écouteurs qu’elle a sur les oreilles, sans doute.

Bref, il était prêt. Quand il serait grand, quand il aurait l'âge, il saurait.

À quinze ans, Enzo tombe amoureux. De Joe. Eh oui, un garçon. Très grand, très brun (pas comme sa mère). Pas grave, Enzo s'est préparé, entraîné.

Il a su dire : « Je t'aime. »

Sans rougir.

Sans bafouiller.

Le mur

Pour une personne
(Alex)

Ingrédients :
- un mur très haut et très long
- des Indiens en pirogue
- un diplodocus
- des cannibales
- un instituteur
- des sorcières en bikini
- un bulldozer

Tous les matins, Alex longe un mur en allant à l'école. Très long. Et très haut : impossible de voir ce qu'il y a derrière.

Alex voudrait savoir. Savoir ce qu'il y a, derrière le mur.

Parfois, on entend des bruits. Un bruit d'eau qui coule. Alex imagine. Il y a une rivière derrière le mur. Et des Indiens la descendent en pirogue. Attention, ils vont tirer des flèches empoisonnées !

Mais non, ce n'est pas une rivière. C'est un diplodocus qui fait pipi. Ça coule très fort, on dirait une vache qui pisse. Alex rit tout seul en chemin.

Un autre jour, on sent une odeur de brûlé. Qu'est-ce que c'est ? Des cannibales qui font rôtir l'instituteur à la broche ? Ou des sorcières en bikini qui cuisent une potion dans un chaudron ?

Un matin, Alex aperçoit un bulldozer dans la rue. Il a percé un trou dans le mur. « Chouette, pense Alex, je vais savoir ce qu'il y a derrière le mur. » Il court, il est tout près.

Mais il s'arrête, et ferme les yeux. Non, il ne veut pas voir. Pas voir ce qu'il y a derrière le mur.

Parce que, quand on voit, on n'imagine pas.

j aime
tu aimes
il aime
nous aimons
vous aimez
ils aiment

Conjugaison

Pour deux personnes
(Léon et la maîtresse)

Ingrédients :
- une leçon de géographie
- des yeux noirs
- une leçon de mathématiques
- des cheveux longs, noirs et soyeux
- une leçon de conjugaison
- une très bonne note

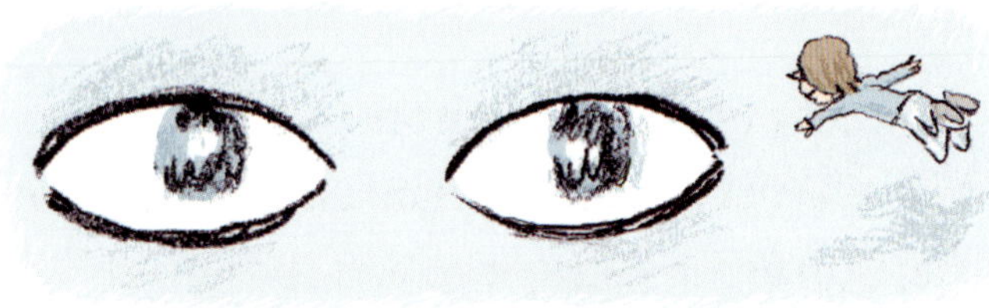

Léon est nul en géographie.
Mais c'est la faute de la maîtresse. Elle a des yeux noirs qui changent de lumière sans arrêt, comme une journée de mai. Alors Léon n'écoute pas, il plonge dans les yeux tantôt lumineux, tantôt orageux.

Et quand on lui demande où est l'Asie, il dit : « Pas loin d'ici. »

Léon est nul en mathématiques.

Mais c'est la faute de la maîtresse. Elle a des cheveux longs, un jour nattes, l'autre chignon, ou simplement en flots sur le dos. Alors Léon n'écoute pas, il se noie dans les longs cheveux, noirs et soyeux.

Et quand on lui demande combien de côtés a un triangle, il dit : « Je ne sais pas ; quand on aime, on ne compte pas. »

Léon est nul en conjugaison.

Mais c'est la faute de la maîtresse. Elle est trop belle, trop gentille, trop drôle, trop... tout !

Mais aujourd'hui, Léon a eu 10/10 à l'interrogation. C'était facile aussi : *Conjuguer le verbe « aimer » au présent et au futur.*

Et là, Léon connaît par cœur la leçon : *Je t'aime, je t'aimerai, maintenant et toujours.*

Poupées

Pour deux personnes
(Sara et maman)

Ingrédients :
- une poupée
- une robe bleue
- une robe bleu nuit
- pain d'épice, Coca-Cola, chocolat
- un petit lit
- un grand lit

Sara met une robe bleue à sa poupée Lili. Maman met une robe bleu nuit à Sara.

Sara brosse les cheveux blonds de Lili.

Maman brosse les longs cheveux de Sara.

Sara donne à manger à Lili, pain d'épice et Coca-Cola.

Maman prépare le goûter de Sara, pain d'épice et chocolat.

Et puis, bientôt, c'est le soir. Il faut aller dormir.

Sara embrasse Lili couchée dans son petit lit. Elle dit : « Bonne nuit, ma petite fille. »

Maman embrasse Sara couchée dans son grand lit. Et dit : « Bonne nuit, ma poupée. »

Justicier

Pour trois personnes
(Thomas, le grand justicier ; un garçon de son âge ; un gamin de six ou sept ans)

Ingrédients :
- une Play Station
- un jeu vidéo
- des méchants, des affreux, des bandits (et compagnie)
- une rue
- un paquet de bonbons

Pif, paf, slash, blurp ! il les tue tous, les méchants, les affreux, les bandits et compagnie. Sur l'écran de la Play Station, il les zigouille, les écrabouille et les carabistouille. Tiens, celui-là, une rafale de mitraillette, ratatata ! Et ce gros baraqué, zzzoup, zzap ! une prise de karaté, il est cassé !

Ah ! il est fort, Thomas, super entraîné : au jeu vidéo, il gagne toujours, c'est lui le justicier, il défend les faibles, les opprimés.

Il est un peu fatigué, il a combattu tout l'après-midi ; alors, il sort se promener. Au coin de la rue, devant la boulangerie, un garçon bouscule un gamin de six ou sept ans. Il lui tord le bras, le secoue, arrache le paquet de bonbons que le petit tient à la main.

Prudent, Thomas traverse la rue. Il n'a rien vu, rien entendu. Il pense au jeu de tout à l'heure. Ah ! il va les avoir, tous, les méchants, les affreux, les bandits et compagnie…

CRRRP
AAAAAAa
mon Dieu !!
BAOM
NONNNNNNNNN
SPLOURTCH
ARGG
HA HA HA
CRAC
CRONCH
CRONCH

Cruel

Pour trois personnes
(Gaël, son père, sa mère)

Ingrédients :
• un jour de pluie
• une télévision
• deux gangsters
• un fourgon postal
• un lance-roquettes
• un verre de Coca
• un coup de feu
• des cadavres, des blessés
• un biscuit
• un immeuble en flammes
• un carré de chocolat
• une mouche

Mercredi après-midi. Il pleut. Gaël regarde la télévision, au salon.

TF1. Un film de gangsters. Deux hommes attaquent un fourgon au lance-roquettes. Explosion du fourgon. Deux corps éjectés, déchiquetés.

Gaël se verse un verre de Coca.

Antenne 2. Une série policière. Un coup de feu, un cadavre. Tête éclatée, traces de sang.

Gaël grignote un biscuit.

M6. Un film catastrophe. Une tour en flammes. Cris, hurlements. Des corps calcinés, un enfant dévoré par le feu.

Gaël croque un carré de chocolat.

France 3. Journal télévisé. Guerre en Irak. Une voiture piégée, morts étendus sur la chaussée, des blessés.

Gaël attrape une mouche posée sur son genou. Il la prend entre ses doigts, délicatement, et l'écrase, lentement.

Cris de la mère, du père.

– Quelle horreur ! Ce gosse est un monstre ! Mais qu'est-ce qu'il a dans le crâne, hein, qu'est-ce qu'il a dans le crâne ?

JOYEU

Petit Papa Noël

Pour deux personnes
(Rémi et son père)

Ingrédients :
• des guirlandes multicolores
• un VTT
• une Play Station
• une paire de rollers
• un DVD
• un grand manteau rouge
• une longue barbe blanche

Un jour de décembre. Par la fenêtre, Rémi regarde la rue illuminée, guirlandes et lumières étincelantes. On entend la musique diffusée par haut-parleurs : « *Petit Papa Noël…* »

– Papa, dit Rémi, je voudrais un VTT pour Noël.

LE PÈRE : Rémi, tu sais bien qu'on n'a pas les moyens.

RÉMI : Une Play Station, alors ?

LE PÈRE : Tu as déjà celle que ton cousin t'a donnée.

RÉMI : Mais elle date de dix ans au moins.

LE PÈRE (*soupir)* : Tu n'es pas un peu grand pour ce genre d'amusement ?

RÉMI : Non, je ne crois pas. *(Silence.)* Une paire de rollers, ça irait, ça ?

LE PÈRE : Trop cher. Et puis tu grandis sans arrêt. Dans six mois, ils seront trop petits.

RÉMI : Et un DVD ?

LE PÈRE : J'ai revendu le lecteur de DVD. Et la télé.

Rémi ne dit plus rien.

– Bon, c'est l'heure, soupire son père. Je vais travailler.

Il se lève, ouvre le placard dans l'entrée, sort un grand manteau rouge bordé de fourrure blanche, un bonnet rouge aussi, et une longue barbe blanche.

– Je m'en fiche, dit Rémi. Moi, j'y crois pas, au père Noël.

Mais où est ton frère ?

Petit frère

Pour cinq personnes
(Elsa, son petit frère Tim, Nico,
sa petite sœur Jade, Jimmy)

Ingrédients :
• un hachoir électrique
• des crocodiles
• un nid de guêpes
• un grand frère
• une grande sœur

– J'en ai marre de mon petit frère ! dit Elsa. Je voudrais le découper en rondelles et le passer au hachoir électrique. J'en ferais des steaks hachés pour les crocodiles du zoo.

– Oh, moi, soupire Nico, ma petite sœur, c'est encore pire ! Elle me casse les pieds toute la journée ! Si je pouvais, je la jetterais dans un nid de guêpes, hmm ! et je la regarderais se faire piquer partout, dans la bouche, le nez, les yeux, les fesses et le nombril !

– Nicooo ! Elsaaaa !

Deux enfants arrivent en courant : Tim, le petit frère d'Elsa, et Jade, la petite sœur de Nico.

– Elsa ! pleurniche Tim, Jimmy m'a tapé !

– Nico ! sanglote Jade, Jimmy m'a mordue !

Aussitôt, Elsa et Nico se précipitent, arrêtent Jimmy, le menacent :

– Si tu recommences, dit Elsa, je te découpe en rondelles et… etc.

– Et moi, dit Nico, je te jette dans un nid de guêpes et… etc.

– Vous avez pas intérêt, répond Jimmy. Sinon, je le dis à mon grand frère. Et à ma grande sœur.

gros
bisous
papa

Neige

Pour deux personnes
(Mina et son père)

Ingrédients :
- de la neige
- un pré devant la maison
- des lettres immenses
- une photo dans un cadre en verre

La neige a cessé de tomber. Le pré devant la maison est un grand tableau blanc.

Mina regarde par la fenêtre. Le soleil l'éblouit, elle ferme les yeux. Quand elle les rouvre, elle voit les lettres immenses tracées sur la neige étincelante.

JE NE T'OUBLIE PAS, MINA

Elle sourit. Comme ça fait chaud, dans ses mains, dans son ventre.

Et puis, c'est la nuit. Il neige encore, au matin les mots ont disparu.

Mais l'après-midi, Mina lit un nouveau message dans le pré éclatant de blancheur :

JE SUIS LÀ, AVEC TOI

Sur le bureau de Mina, il y a une photo, dans un cadre de verre. La photo de son père. Mina prend la photo, la serre contre elle, contre sa joue. Le verre n'est pas froid, au contraire.

Le lendemain, c'est le redoux, la neige a fondu. Le pré devant la maison a reverdi.

Pas grave. Mina le sait maintenant : il ne l'oublie pas, il est là, avec elle. Toujours.

300, rue Léon-Joulin,
31101 Toulouse Cedex 9, France.
www.editionsmilan.com

Loi 49-956 du 16 juillet 1949.
Dépôt légal : 4e trimestre 2005
ISBN : 2-7459-1701-3
Imprimé en France par Fournié